MANUEL MACHADO

ANTOLOGÍA POÉTICA

Selección y prólogo
de Manuel Márquez de la Plata

www.edaf.net
Madrid - México - Buenos Aires - Santiago
2025

© 2003. Herederos de Manuel Machado
© 2003. De esta edición, Editorial EDAF, S. L. U.

Diseño de cubierta: Gerardo Domínguez

Editorial Edaf, S. L. U.
Jorge Juan, 68. 28009 Madrid
http://www.edaf.net
edaf@edaf.net

Ediciones Algaba, S. A. de C. V.
Calle 21, 3323, entre la 33 Sur y la 35 Sur
Colonia Belisario Domínguez
Puebla 72180 México
jaime.breton@edaf.com.mx

Ediciones y Distribuciones Edaf, SRL
Chile, 2222. PBA
1227 Buenos Aires, Argentina
fernando@edafarg.net

Edaf Chile, S. A.
Huérfanos, 1178, Of. 501
Santiago, Chile
comercialedafchile@edafchile.cl

5ª edición, diciembre 2025

Queda prohibida, salvo excepción prevista en la ley, cualquier forma de reproducción, distribución, comunicación pública y transformación de esta obra sin contar con la autorización de los titulares de propiedad intelectual. La infracción de los derechos mencionados puede ser constitutiva de delito contra la propiedad intelectual (art. 270 y siguientes del Código Penal). El Centro Español de Derechos Reprográficos (CEDRO) vela por el respeto de los citados derechos.

Depósito Legal: M. 40.705-2003
I.S.B.N.: 978-84-414-1362-2

Papel 100% procedente de bosques gestionados de acuerdo con criterios de sostenibilidad

PRINTED IN SPAIN   IMPRESO EN ESPAÑA
Service Point

A mi padre y a mis hermanas

Índice

	Págs.
Prólogo, por Manuel Márquez de la Plata...	19
Estudio	25
Criterios de esta edición	31
Bibliografía	33
Manuel Machado y su época	35

ANTOLOGÍA POÉTICA

Nada	45
Adelfos	46
El reino interior. Los días sin sol	48
El jardín gris	50
Otoño	51
Secretos. Antífona	52
Cantares	54
Castilla	56

	Págs.
Museo. Felipe IV	58
Oriente	59
Estatuas de sombra. Eleusis	60
Lirio	62
Copo de nieve	63
El viento	64
Escena última	65
Madrigal a una chica... que no entiende de madrigales	66
Abel	67
Se dice lentamente...	68
La voz que dice...	69
Kyrie Eleyson	70
Sé buena	71
Retrato	73
Prólogo-epílogo	75
Yo, poeta decadente	78
Mi Phriné	79
La canción del presente	81
A mi sombra	82
Paz	84
Última	85
Nocturno madrileño	88

ÍNDICE

	Págs.
Prosa	90
Mutis	92
La canción del alba	94
La canción del presente	96
Las canciones de Murillo	97
Van Laethem. Doña Juana la Loca	98
Sandro Botticelli. La primavera	99
Leonardo de Vinci. La Gioconda	100
Tiziano. Carlos V	101
Desnudos de mujer	102
Veronés. Asuntos bíblicos	103
Greco. El caballero de la mano al pecho	104
Velázquez. La infanta Margarita	105
Van Dyc. El príncipe de la Casa de Orange	106
Pierrot	107
Los fusilamientos de la Moncloa	108
Manet. El balcón abierto	109
Elogio de la solear	110
Cantaora	111
Cualquiera canta un cantar...	113
Del querer	114
Ante la joven muerta	115
Dolientes madrigales	117

	Págs.
Morir, dormir...	120
«Musica di Camera»	121
Rosas de otoño	123
Ocaso	125
A Zofia Lutoslawska. (Sofía Casanova)	126
Granada, por Rusiñol	127
A un poeta emigrante	128
A Alejandro Sawa (Epitafio)	129
A José Nogales, muerto	130
En la muerte de Julio Ruelas	131
A Rubén Darío	132
Migel Sawa (Epitafio)	133
Un nuevo auto-retrato	134
Estampas. Estilo	136
Santiago de Compostela	137
Sol. Canto a Andalucía	139
Ojos verdes	140
Piedra preciosa	141
Crepúsculo	142
Cantares	143
«De profundis»	144
Amor de Dios	145
«Domine, ut videam...»	146

ÍNDICE

	Págs.
El viejo jardinero	148
Madrigal (A una dama que llevaba al pecho un pasador de rubíes)	149
En un libro de Pilar Valderrama	150
«Fatum»	151
Narciso	152
La oración del huerto	153
[Anotaciones para un soneto]	154

Tacitum vivit sub pectore vulnus.

VIRGILIO

En los claustros de l'Alma la herida iace callada.

QUEVEDO

Envío: Estos son los poemas alados y crueles que pongo en tus manos, lector. Hablan de la muerte y son, sin embargo, una esperanza.

Prólogo

MANUEL Machado nace en 1874, en Sevilla, en el seno de una familia de clase media, culta y liberal. En esa misma fecha comienza la Restauración que, después de las turbulencias de décadas anteriores, va a proporcionar a España paz, estabilidad y un modesto bienestar. Es también la época del liberalismo moderado.

Su padre, Antonio Machado Álvarez, «Demófilo», era un conocido folclorista. Era pariente lejano de Agustín Durán, famoso editor del *Romancero*. Su madre se llamaba Ana Ruiz Hernández.

El origen andaluz y las tradiciones familiares dejarán amplia huella en su obra. La poesía popular y Andalucía son dos vetas recurrentes en la misma.

En 1884 la familia se traslada a Madrid y él experimentará, como tantos intelectuales de su época, la influencia de la Institución Libre de Enseñanza donde se educa. Era este famoso centro el hogar de un liberalismo laico, de corte anglosajón, que contrastaba con la ortodoxia religiosa estricta habitual en su época. Don Francisco Giner de los Ríos, a quien su hermano Antonio dedicó versos emocionados, era el alma de la misma.

Muy pronto se manifiesta en él amor por el teatro que lo acompañará toda la vida. También la afición a las tertulias y al flamenco.

En 1894 publica su primer libro de versos, al alimón con Enrique Paradas: *Tristes y alegres*. Aunque forma parte de su prehistoria literaria, resuena en él alguna nota ya que volverá a aparecer en obras de su madurez. Lo mismo se puede decir del siguiente, *Versos*, publicado en 1895 también con Paradas.

En 1896 su madre y su abuela (el padre había fallecido en el 93) lo envían a estudiar a Sevilla. Por esa Universidad se licenciará en 1897, en Filosofía y Letras.

Durante estos años conoce de cerca el mundo de la bohemia que está en la base de su gran obra *El mal poema*.

1899: París. La capital cultural del continente, la mítica ciudad de los modernistas. Allí marcha nuestro poeta, junto con su hermano Antonio. Es una experiencia fundamental: tertulias, amistades literarias (conoce a Oscar Wilde), bohemia... y, por supuesto, la sombra del «padre y maestro mágico» Verlaine.

A finales de 1900 vuelve a Madrid, donde trata a toda la juventud literaria: Valle-Inclán, Villaespesa, Baroja...

En 1902, ese año memorable de nuestras letras, publica su primer gran libro: *Alma*. Unamuno lo reseña en *El Heraldo*; nuestro autor es ya un joven poeta modernista.

Es la época del Modernismo combativo, de la revista *Helios*, de las protestas contra la concesión del Nobel a Echegaray. El Modernismo es algo más que una moda literaria, es toda una revolución en la sensibilidad e inclusive en las costumbres. Una gran protesta contra el sentido común y el prosaísmo del siglo anterior. Y todo ello en nombre de la Belleza y de un ideal inalcanzable. De él arranca nuestra modernidad y marcará de un modo indeleble, lo reconozcan o no, a todos los jóvenes literatos. El maestro indiscutible: Rubén.

Alma. Museo. Los cantares aparece publicado por Pueyo en 1907. Unamuno escribe un magnífico prólogo, en el que se transparenta el respeto que le merece el autor. Un todavía desconocido Juan Gris le diseña las cubiertas.

De 1909 es un título fundamental en su poesía y en la de todo el siglo XX: *El mal poema*. Baudelaire, sin duda, está muy presente. Su huella se deja sentir en poetas muy posteriores. Hay poemas de Gil de Biedma, por ejemplo, que no se entienden sin este libro memorable.

Se casa con su novia de siempre en 1910 y en 1913 gana las oposiciones al Cuerpo de Archiveros, Bibliotecarios y Arqueólogos. Dos años antes había publicado otra bellísima obra: *Apolo. Teatro pictórico*, son poemas de corte parnasiano, inspirados en cuadros del Prado. Reúne textos importantes para entender su estética modernista en *La guerra literaria*.

La Primera Guerra Mundial destruirá la Europa liberal que se había ido forjando desde el final de las guerras napoleónicas. Se declara aliadófilo en consonancia con su liberalismo esencial.

En estos años comienza su actividad como crítico teatral, en la que llegó a ser una autoridad. Años más tarde recogerá parte de sus crónicas en *Un año de teatro*.

Ars Moriendi, de título tan significativo, aparece en 1921. Con él da por terminada su obra poética. Afortunadamente, esto no será así y seguirá publicando poesía hasta su muerte.

Ya considerado un autor imprescindible, la editorial Mundo Latino comienza a publicar, a partir de 1922, sus *Obras Completas*. En estos años cultiva una faceta poco conocida de su obra, la de erudito. Dedica a Lope de Vega varios estudios notables.

Comienza a colaborar con su hermano Antonio, con el que siempre había estado muy unido, para el teatro. Juntos estrenan varias obras que cosechan un éxito apreciable: *Las adelfas*, *La Lola se va a los puertos*, *Juan de Mañara*, etc. Hoy en día el teatro de los Machado sufre un exceso de olvido. Sin ser obras maestras, estas piezas demuestran un lirismo, un dominio de la arquitectura teatral y una finura psicológica notables. Deberían ser estudiadas y publicadas como merecen.

Apoya a la República, lo mismo que su hermano, en 1931. Luego se desencantará con el nuevo régimen, igual que otros intelectuales. Recordemos el «No es esto, no es esto...» de Ortega. En 1933 declara su oposición tanto al fascismo como al comunismo.

Phoenix, el último, a mi juicio, de sus grandes libros, fue publicado, en tirada limitada, por el mejor tipógrafo español del siglo XX: Manuel Altolaguirre.

Por azar se encuentra en Burgos cuando estalla la guerra. Por los motivos que fueren, proclama su adhesión a los sublevados. Este hecho va a tener indudables consecuencias negativas para su fama póstuma. En un ambiente literario tan «polucionado», desgraciadamente, por la política como ha sido el español, muchos no le perdonarán esta toma de postura.

Entre el final de la guerra y su muerte en 1947 salen a la luz algunos libros de poesía que no añaden nada esencial a su obra anterior.

Se publican dos ediciones de *Opera Omnia* con multitud de poemas elogiosos de los jóvenes poetas del momento.

Su historia posterior es la de una fama callada, pero persistente, que en los últimos años crece cada día. En el fondo, su relativo silenciamiento no le hubiera disgustado. Fue un elegante, un trágico y un gran poeta. El silencio no es, para un hombre así, el peor de los destinos.

Estudio

AL leer estos poemas uno tiene la impresión que surgen de una experiencia fundamental que subyace en todos ellos y les da su sentido. Esta experiencia, me parece a mí, es una herida que «mató» a nuestro poeta en algún momento de su vida y provocó en él un anhelo profundo de morir, una incurable melancolía. ¿Cómo se explica, si no, la expresión insistente de este deseo?

Ya en un libro tempranísimo *Tristes y alegres* (escrito al alimón con Enrique Paradas) afirmará:

Ya nada ansío. Nada mi cabeza
logra ya levantar nuevo y hermoso.
Cuando quiero vivir, pienso en la muerte...
Y, cuando quiero ver, cierro los ojos.

Años más tarde (1922), en un libro de título significativo, *Ars Moriendi,* el bellísimo poema «Ocaso» afirma de manera inequívoca su deseo de autoaniquilamiento identificando el mar con la muerte:

> Para mi amarga vida fatigada...
> ¡el mar amado, el mar apetecido,
> el mar, el mar, y no pensar en nada!

Este anhelo no es un fenómeno original. Una parte nada desdeñable de la poesía europea desde el Renacimiento es profundamente melancólica. En la Edad Media el fenómeno es mucho menos frecuente; lo cual da que pensar y merecería un estudio detenido que todavía no se ha realizado. ¿Por qué quieren morir, y a veces mueren, por propia mano tantos poetas?

La melancolía, tema que cada vez despierta un mayor interés, supone una pérdida irreparable. Como consecuencia, el melancólico está poseído por la muerte... pero no del todo. No olvidemos que alienta en su negro sol un hálito de vida: el pálido fulgor del bien perdido.

A partir de este momento a nuestro poeta solo le quedan dos salidas posibles: o bien hundirse en su propia muerte y optar por el silencio (ese silencio que Hölderlin pedía al final de *El Archipiélago*), o bien iniciar un juego con su propia herida, el juego de hacer versos...

En él es interesante que notemos que hay poca poesía dedicada a recordar una pérdida concreta. Diríamos que su melancolía procede de una especie de desencanto esencial con la vida y con el mundo. Es como si al poeta se le hubiera roto, muy pronto y por razones que ignoramos, ese amor básico a la existencia que todos llevamos dentro.

Hay, sí, la evocación, mediante el símbolo antiquísimo del jardín, del momento de la caída, que diría un barroco. Lo expresa en el soberbio poema de *Alma* «Otoño»:

> En el parque, yo solo…
>   Han cerrado
>   y, olvidado
> en el parque viejo, solo
>   me han dejado.
>
> La hoja seca,
>   vagamente
>   indolente,
>   roza el suelo…
>   Nada sé,
>   nada quiero,
>   nada espero,
>   Nada…
>
> Solo
> en el parque me han dejado
>   olvidado,
>   … y han cerrado.

Observemos que el poeta no se siente responsable del mal sufrido. Son otros los que han cerrado. ¿A qué extrañarse? ¿Acaso no dijo de sí mismo que era un débil? Son los fuertes los que actúan y los débiles los que padecen.

Se ha hablado de poesía del instante. Sartre nos recuerda que quien dice instante dice instante fatal. Su alma le brinda momentos maravillosos: ¿cómo no intentar salvarlos? Apresados, a veces sí, a veces no, en todo su fulgurante esplendor, calman su dolor, hacen retroceder a la muerte y, por un momento, lo reconcilian con su destino.
En su último gran libro, *Phoenix*, un soneto fascinante nos revela su secreto:

PIEDRA PRECIOSA

Acabé —como mustias las flores, como exhausto
el arroyo, en la hora del pleno sol de estío—
la canción empezada al alba, con el fausto
primaveral… y sea este instante mío.

Instante claro y puro, como fino diamante
deslumbrador, de aristas duras, fascinadores
cambiantes y facetas en donde, rutilante,
brille el paisaje muerto y helados los amores.

Muera la dulce flora que germinó en el fondo del
alma inquieta. entonces, jardín el alma era,
tendido a las caricias del astro matinal.

Ya es la hora en que cuaja, del ánima en lo hondo
—en la terrible sima de la dura cantera— con su
cruel belleza geométrica, el cristal.

Si en Alma todo era paisaje interior, en *El mal poema* el poeta traslada su desarraigo al mundo, a la sociedad española de su época. En contra de lo que pudiera pensarse, no es un libro menos subjetivo que el anterior. Los bohemios, las prostitutas, los degradados nietos del Cid son otros tantos reflejos del yo del poeta. Proyecta en ellos, con geniales innovaciones estilísticas (el lenguaje coloquial es la más importante), su propio corazón. La melancolía de los biznietos de Myo Cid es la suya propia. Suyo su cantar canalla. La bala que silba en el aire va dirigida también a su propio corazón. En 1911 *Apolo*. este libro plantea un problema estético interesante: si el cuadro es mímesis de un instante, real o imaginario, ¿qué será un poema sobre un cuadro? Mímesis de una mímesis, reflejo de un reflejo, el poema eleva su sombra hermosa... sobre unos puntos suspensivos[1].

Esta es una historia que acaba bien. Bien tal vez para el hombre, mal para el poeta. En la última parte de su vida la fe religiosa fue curando su herida y, a medida que esta iba cerrándose, «La camisa de mil puntas cruentas» lo abandonaba. Nunca del todo. Testigo, el proyecto de soneto para su hermano que se me antoja un poema acabado: apenas un balbuceo sublime.

Este es nuestro poeta. Camina al borde del abismo con egregia elegancia, como el buen bande-

---

[1] En el soneto «Un príncipe de la casa de Orange».

rillero que quiso ser, en un perpetuo «titubeo de aliento y agonía». Dijo que sus versos afirmaban la vida que hace pensar en la muerte. A nosotros nos sucede los contrario. Consiguen, como todo gran arte, reconciliarnos con la existencia.

Manuel Machado, poeta, en el filo de la navaja.

Criterios de esta edición

Toda antología responde, no nos engañemos, a los gustos personales del colector. Esta no podía ser la excepción. No obstante, aunque el gusto sea en último término arbitrario, se puede, hasta cierto punto, explicar. Mis criterios han sido los siguientes: he incluido todos los poemas justamente famosos de nuestro autor. He añadido otros menos conocidos pero, en mi opinión, de gran calidad. He seleccionado también algunos poemas religiosos, de dificilísimo enjuiciamiento estético, pero de indudable interés, para comprender al hombre y al poeta. Finalmente, los poemas se presentan por orden cronológico.

Bibliografía

Ediciones:

Manuel Machado, *Poesías Completas*, Sevilla, Renacimiento, 1993. Esta excelente edición, a cargo de Antonio Fernández Ferrer, es la más completa de las existentes y es la que ha servido de base para mi antología.

Estudios:

ALONSO, Dámaso: «Ligereza y gravedad en la poesía de Manuel Machado», en *Poetas españoles contemporáneos*, Madrid, Gredos, 1969, págs. 49-95.

BROTHERSTON, Gordon: *Manuel Machado*, Madrid, Taurus, 1976 (la edición original inglesa es de Cambridge U.P., 1968).

DIEGO, Gerardo: *Manuel Machado, poeta*, Madrid, Editora Nacional, 1974.

ORS, Miguel d': *Estudios sobre Manuel Machado*, Sevilla, Renacimiento, 2000.

PÉREZ FERRERO, Miguel: *Vida de Antonio Machado y Manuel*, Madrid, Rialp, 1947.

UNAMUNO, Miguel de: «La poesía de Manuel Machado», en *Manuel Machado, Alma*, Museo, Los cantares, Madrid, Pueyo, 1907, IX-XXVII.

Sobre la melancolía es básico el estudio de KLIBANSKY, R., E. PANOFSKY y F. SAXL: *Saturn and Melancholy*, Londres, 1964. (Hay trad. esp. en Alianza Editorial.)

MANUEL MACHADO Y SU ÉPOCA

AÑO	VIDA Y OBRA DE MANUEL MACHADO
1874	El 29 de agosto nace en Sevilla. Sus padres fueron Antonio Machado Álvarez y Ana Ruiz Hernández. Su abuela era sobrina del literato
1884	La familia se traslada a Madrid. Educación en la Institución Libre de Enseñanza con Giner de
1892	Reveses económicos familiares. Machado Ál-
1894	Publica su primer libro: *Tristes y alegres* con
1895	Nuevos reveses económicos. Segundo libro de
1896	Estudios en Sevilla. Se promete con su prima
1897	Licenciado en Filosofía y Letras por la Uni-
1899	Viaje a París. Traductor para la casa Garnier. Numerosos contactos culturales. Conoce a Os-
1900	Sigue en París. Garnier publica su traducción
1901	Vida bohemia con Valle-Inclán. Villaespesa,
1902	Publica *Alma*, que reseña Unamuno. Vuelve a París. Polémica sobre los «modernistas».

PANORAMA CULTURAL	ACONTECIMIENTOS HISTÓRICOS
Nace Ramiro de Maeztu. *Pepita Jiménez* de J. Valera.	Guerra carlista. Pronunciamiento del general Martínez Campos.
La Regenta de Clarín.	
Rubén Darío llega a Madrid.	Centenario del descubri-
Unamuno: *En torno al casti-*	Movimientos independentis-
Prosas profanas de Rubén	
Paz en la guerra de Una-	Asesinato de Cánovas del
Juan Ramón Jiménez: *Nin-*	Exposición Universal.
La voluntad de Azorín. *Camino de Perfección* de Baro-	Sube al trono Alfonso XIII.

AÑO	VIDA Y OBRA DE MANUEL MACHADO
1903	Colaboraciones en *Alma Española*, *Blanco y*
1904	Colaboraciones en *Helios*, *Blanco y Negro*,
1905	*Caprichos*. Críticas desfavorables.
1906	*La Fiesta Nacional*.
1907	*Alma. Museo. Los cantares*. Prólogo de Unamuno y cubiertas de Juan Gris.
1909	*El mal poema*. Viaje a Barcelona. Traduccio-
1910	Matrimonio con Eulalia Cáceres Sierra.
1911	*Apolo. Teatro pictórico*.
1912	Publica *Cante hondo*, con gran éxito. Muere
1913	Gana las oposiciones al cuerpo de Archiveros, Bibliotecarios y Arqueólogos. Publica *La Guerra Literaria* sobre la polémica del Mo-
1914	Publica artículos de tendencia aliadófila.

PANORAMA CULTURAL	ACONTECIMIENTOS HISTÓRICOS
Juan Ramón Jiménez: *Arias*	
La busca de Baroja.	
Protestas por el premio No-	
Santiago Ramón y Cajal ob-	
Antonio Machado: *Soledades, galerías y otros poemas.* Picasso: *Las señoritas de*	Gobierno de Maura.
Los intereses creados de Be-	Semana Trágica de Barcelo-
Nace Miguel Hernández.	Creación de la Residencia de Estudiantes y el Centro de
El árbol de la ciencia de Ba-	Creación del sindicato anar-
Campos de Castilla de An-	Asesinato de Canalejas.
Del sentimiento trágico de la vida de Unamuno. Einstein formula la teoría de la relati-	Gobierno de Eduardo Dato.
Meditaciones del Quijote de Ortega y Gasset. *En busca del tiempo perdido* de Mar-	Estalla la Primera Guerra Mundial.

AÑO	VIDA Y OBRA DE MANUEL MACHADO
1918	*Un año de teatro*: conjunto de crónicas tea-
1921	*Ars Moriendi*. Piensa que su obra poética ha terminado.
1922	La editorial Mundo Latino comienza a publi-
1924	Editora Internacional saca sus *Poesías (Opera Omnia Lirica)*. Funda con Ricardo Fuente la *Revista de la Biblioteca, Archivo y Museo del*
1926	Primera obra teatral escrita en colaboración con su hermano Antonio: *Desdichas de la for-*
1927	*Juan de Mañara*: drama en verso en colaboración con su hermano Antonio.
1931	*La prima Fernanda*: comedia en colaboración con Antonio en la que satiriza la corrupción
1933	Comienza a enfriarse su entusiasmo por la Re-
1936	*Phoenix*: libro de poemas editado por Manuel Altolaguirre. Viaje a Burgos. Se adhiere al al-
1940	*Poesía. Opera Omnia Lirica*: con numerosos
1947	Fallece el 19 de enero y es enterrado en el cementerio de Nuestra Señora de la Almudena.

PANORAMA CULTURAL	ACONTECIMIENTOS HISTÓRICOS
Greguerías de Ramón Gó-	Fin de la Primera Guerra
Belarmino y Apolonio de Pérez de Ayala.	Asesinato de Dato. Fundación del Partido Comunista
Ulises de James Joyce.	
Veinte poemas de amor de Pablo Neruda. *Manifiesto Surrealista* de André Breton.	Comienza en Italia la dictadura fascista.
Tirano Banderas de Valle-Inclán. *El cementerio marino*	
Romancero gitano de García Lorca. *Cántico* de Jorge	
	Proclamación de la Segunda República.
La voz a ti debida de Pedro	Subida al poder de Adolf
Mueren Valle-Inclán y García Lorca.	Triunfo del Frente Popular. Sublevación militar y guerra
	Dictadura del general Franco.

ANTOLOGÍA POÉTICA

NADA

Ya nada ansío. Nada mi cabeza
logra ya levantar nuevo y hermoso.
Cuando quiero vivir, pienso en la muerte...
Y, cuando quiero ver, cierro los ojos.

ADELFOS

Yo soy como las gentes que a mi tierra vinieron
—soy de la raza mora, vieja amiga del Sol—,
que todo lo ganaron y todo lo perdieron.
Tengo el alma de nardo del árabe español.

Mi voluntad se ha muerto una noche de luna
en que era muy hermoso no pensar ni querer...
Mi ideal es tenderme, sin ilusión ninguna...
De cuando en cuando, un beso y un nombre de mujer.

En mi alma, hermana de la tarde, no hay contornos...
y la rosa simbólica de mi única pasión
es una flor que nace en tierras ignoradas
y que no tiene aroma, ni forma, ni color.

Besos, ¡pero no darlos! Gloria... ¡la que me deben!
¡Que todo como un aura se venga para mí!
¡Que las olas me traigan y las olas me lleven,
y que jamás me obliguen el camino a elegir!

¡Ambición!, no la tengo. ¡Amor!, no lo he sentido.
No ardí nunca en un fuego de fe ni gratitud.
Un vago afán de arte tuve... Ya lo he perdido.
Ni el vicio me seduce, ni adoro la virtud.

De mi alta aristocracia, dudar jamás se pudo.
No se ganan, se heredan, elegancia y blasón...
Pero el lema de casa, el mote del escudo,
es una nube vaga que eclipsa un vano sol.

Nada os pido. Ni os amo, ni os odio. Con dejarme,
lo que hago por vosotros hacer podéis por mí...
¡Que la vida se tome la pena de matarme,
ya que yo no me tomo la pena de vivir!...

Mi voluntad se ha muerto una noche de luna
en que era muy hermoso no pensar ni querer...
De cuando en cuando un beso, sin ilusión ninguna.
¡El beso generoso que no he de devolver!

París, 1899

EL REINO INTERIOR

LOS DÍAS SIN SOL

El lobo blanco del invierno,
el lobo blanco viene,
con los feroces ojos inyectados
en sangre helada, fijos y crueles.
¡Maldito lobo invierno, que te llevas
los viejos y los débiles!

¡Reunámonos, que todos
tengan una familia,
un libro y fuego alegre!

Y mientras, fuera, el hacha
el tronco seco hiende,
que será rojo en el hogar, cerremos
la puerta y el balcón... ¡Dios no nos quiere!

¡Tregua! Seamos amigos...
La tibia paz entre nosotros reine
en torno de la lámpara, que esparce
la tranquila poesía del presente.

Y tú, mi amada, cuyos rojos labios
son ya la sola flor, dámelos..., ¡quiéreme!...
....

¡Que el lobo blanco del invierno,
el lobo blanco viene!

EL JARDÍN GRIS

JARDÍN sin jardinero,
viejo jardín,
           viejo jardín sin alma,
jardín muerto. Tus árboles
no agita el viento. En el estanque, el agua
yace podrida. ¡Ni una onda! El pájaro
no se posa en tus ramas.
La verdinegra sombra
de tus hiedras contrasta
con la triste blancura
de tus veredas áridas...

¡Jardín, jardín! ¿Qué tienes?
¡Tu soledad es tanta,
que no deja poesía a tu tristeza!
¡Llegando a ti, se muere la mirada!
Cementerio sin tumbas...
Ni una voz, ni recuerdos, ni esperanza.
Jardín sin jardinero,
viejo jardín,
           viejo jardín sin alma.

OTOÑO

En el parque, yo solo...
    Han cerrado
    y, olvidado
en el parque viejo, solo
    me han dejado.
La hoja seca,
    vagamente
    indolente,
    roza el suelo...
    Nada sé,
    nada quiero,
    nada espero,
    Nada...

    Solo
en el parque me han dejado
    olvidado,
        ... y han cerrado.

SECRETOS

ANTÍFONA

Ven, reina de los besos, flor de la orgía,
amante sin amores, sonrisa loca...
Ven, que yo sé la pena de tu alegría
y el rezo de amargura que hay en tu boca.

Yo no te ofrezco amores que tú no quieres;
conozco tu secreto, virgen impura;
amor es enemigo de los placeres
en que los dos ahogamos nuestra amargura.

Amarnos... ¡Ya no es tiempo de que me ames!
A ti y a mí nos llevan olas sin leyes.
¡Somos, a un mismo tiempo, santos e infames,
somos, a un mismo tiempo, pobres y reyes!

¡Bah! Yo sé que los mismos que nos adoran,
en el fondo nos guardan igual desprecio.
Y justas son las voces que nos desdoran...
Lo que vendemos ambos no tiene precio.

Así, los dos, tú amores, yo poesía,
damos por oro a un mundo que despreciamos...
¡Tú, tu cuerpo de diosa; yo, el alma mía!...
Ven y reiremos juntos mientras lloramos.

Joven quiere en nosotros Naturaleza
hacer, entre poemas y bacanales,
el imperial regalo de la belleza,
luz, a la oscura senda de los mortales.

¡Ah! Levanta la frente, flor siempreviva,
que das encanto, aroma, placer, colores...
Diles, con esa fresca boca lasciva...
¡que no son de este mundo nuestros amores!

Igual camino en suerte nos ha cabido,
un ansia igual nos lleva, que no se agota,
hasta que se confundan en el olvido
tu hermosura podrida, mi lira rota.

Crucemos nuestra calle de la amargura
levantadas las frentes, juntas las manos...
¡Ven tú conmigo, reina de la hermosura;
hetairas y poetas somos hermanos!

CANTARES

Vino, sentimiento, guitarra y poesía
hacen los cantares de la patria mía...
Cantares...
Quien dice cantares, dice Andalucía.

A la sombra fresca de la vieja parra,
un mozo moreno rasguea la guitarra...
Cantares...
Algo que acaricia y algo que desgarra.

La prima que canta y el bordón que llora...
Y el tiempo callado se va hora tras hora.
Cantares...
Son dejos fatales de la raza mora.

No importa la vida, que ya está perdida;
y después de todo, ¿qué es eso, la vida?...
Cantares...
Cantando la pena, la pena se olvida.

Madre, pena, suerte, pena, madre, muerte,
ojos negros, negros y negra la suerte...
Cantares...
En ellos, el alma del alma se vierte.

Cantares. Cantares de la patria mía...
Cantares son solo los de Andalucía.
Cantares...
No tiene más notas la guitarra mía.

CASTILLA

El ciego sol se estrella
en las duras aristas de las armas,
llaga de luz los petos y espaldares
y flamea en las puntas de las lanzas.

El ciego sol, la sed y la fatiga.
Por la terrible estepa castellana,
al destierro, con doce de los suyos
—polvo, sudor y hierro—, el Cid cabalga.

Cerrado está el mesón a piedra y lodo...
Nadie responde. Al pomo de la espada
y al cuento de las picas, el postigo
va a ceder... ¡Quema el sol, el aire abrasa!

A los terribles golpes,
de eco ronco, una voz pura, de plata
y de cristal, responde... Hay una niña
muy débil y muy blanca

en el umbral. Es toda
ojos azules; y en los ojos, lágrimas.
Oro pálido nimba
su carita curiosa y asustada.

—¡Buen Cid! Pasad... El rey nos dará muerte,
arruinará la casa
y sembrará de sal el pobre campo
que mi padre trabaja.
Idos. El cielo os colme de venturas...
¡En nuestro mal, oh Cid, no ganáis nada!

Calla la niña y llora sin gemido...
Un sollozo infantil cruza la escuadra
de feroces guerreros,
y una voz inflexible grita: «¡En marcha!».

El ciego sol, la sed y la fatiga.
Por la terrible estepa castellana,
al destierro, con doce de los suyos
—polvo, sudor y hierro—, el Cid cabalga.

MUSEO

FELIPE IV

Nadie más cortesano ni pulido
que nuestro rey Felipe, que Dios guarde,
siempre de negro hasta los pies vestido.

Es pálida su tez como la tarde,
cansado el oro de su pelo undoso,
y de sus ojos, el azul, cobarde.

Sobre su augusto pecho generoso,
ni joyeles perturban ni cadenas
el negro terciopelo silencioso.

Y, en vez de cetro real, sostiene apenas
con desmayo galán un guante de ante
la blanca mano de azuladas venas.

ORIENTE

ANTONIO, en los acentos de Cleopatra encantado,
la copa de oro olvida que está de néctar llena.
Y, creyente en los sueños que evoca la sirena,
toda en los ojos tiene su alma de soldado.

La reina, hoja tras hoja, deshojando sus flores,
en la copa de Antonio, las deja dulcemente...
y prosigue su cuento de batallas y amores,
aprendido en las magas tradiciones de Oriente...

Detiénese... y Antonio ve su copa olvidada...
Mas pone ella la mano sobre el borde de oro,
y, sonriendo, lenta hacia sí la retira...

Después, siempre a los ojos del guerrero asomada,
sella sus gruesos labios con un beso sonoro...
y da la copa a un siervo, que la bebe y expira...

ESTATUAS DE SOMBRA

ELEUSIS

Se perdió en las vagas
selvas de un ensueño,
y solo de espaldas
la vi desde lejos...
Como una caricia
dorada, el cabello,
tendido, sus hombros
cubría. Y, al verlo,
siguiola mi alma
y fuese muy lejos,
dejándome solo,
no sé si dormido o despierto.

Se fue hasta el castillo
del burgrave fiero,
que está en la alta roca;
los puentes cayeron,
y se despertaron
los sones del hierro.
Pasamos... Mi alma,
tras ella corriendo,

dejándome solo,
no sé si dormido o despierto.

Se fue hasta las verdes
llanuras de Jonia; y el templo
cruzó de Partenes.
Del mármol eterno
dejó las regiones...
Y se fue más lejos,
con mi alma, dejándome solo,
no sé si dormido o despierto.

Oro y negras piedras,
y muros inmensos,
y tumbas enormes
—sepulcro de un pueblo
que mira hacia Oriente
con sus ojos muertos—.
Siguió... Y arrastraba
mi alma más lejos,
dejándome solo,
no sé si dormido o despierto.

Siguió; entre menhires
pasamos y horrendos
despojos de fieras...
Siguió; y, a lo lejos,
perdiose en las selvas
oscuras del sueño,
dejándome solo,
no sé si dormido o despierto.

LIRIO

CASI todo alma,
vaga Gerineldos
por esos jardines
del rey, a lo lejos,
junto a los macizos
de arrayanes...
               Besos
de la reina dicen
los morados cercos
de sus ojos mustios,
dos idilios muertos.
Casi todo alma,
se pierde en silencio,
por el laberinto
de arrayanes... ¡Besos!
Solo, solo, solo.
Lejos, lejos, lejos...
Como una humareda,
como un pensamiento...
Como esa persona
extraña, que vemos
cruzar por las calles
oscuras de un sueño.

COPO DE NIEVE

Colombina llora,
Colombina ríe,
Colombina quiere
morir, y no sabe
por qué...

Pierrot, todo blanco,
de hinojos la implora,
la besa y le pide
perdón, y no sabe
de qué...

La luna sonríe,
la señora luna...
Y nadie ha sabido,
ni sabrá, ni sabe
por qué...

EL VIENTO

DE violines
fugitivos
ecos llegan...
Bandolines
ahora son.
... Y perfume
de jazmines,
y una risa...
Es el viento
quien lo trae...
goce sumo,
pasa, cae...
Como humo
se desvae...
pensamiento
... ¡y es el viento!

ESCENA ÚLTIMA

Ha llamado a mi puerta
el Carnaval, vestido
de Pierrot. «Está abierta
mi puerta. Pasa...» Y ante mí, aterido,
blanca la faz de harina
y las manos exangües, ha caído
muerto el pobre Pierrot. ¿Y Colombina?
Colombina... se ha ido.

MANUEL MACHADO

MADRIGAL A UNA CHICA...
QUE NO ENTIENDE DE MADRIGALES

GONGORINAMENTE,
te diré que eres noche,
disfrazada
de claro día azul...
Azul es tu mirada,
y en el áureo derroche
de tu pelo de luz hay un torrente
de alegría y de luz.

Pero, como la noche,
eres dulce y terrible,
misteriosa,
llena de muertes, de pasión,
y tan voluptuosa
e indecible
cuando, candente flor, abres el broche
del corazón,
que eres..., toda, ¡la Noche!

ABEL

El campo y el crepúsculo. Una hoguera
cuyo humo lentamente al cielo sube.
En la pálida esfera
no hay una sola nube.

La tristeza infinita
efluye de la humilde
hierba del suelo. Invita
a llorar el rumor de la arboleda...

Se va el día y se queda
la tristeza infinita.

Junto de la corriente,
desnudo y muerto yace
Abel... Y la primera
sangre vertida seca el sol poniente.

El humo al cielo sube,
callado, de la hoguera...
Y baja como un duelo soberano
la noche a la pradera...

> «¡Caín! ¡Caín! ¿Qué has hecho de tu hermano?»
SE DICE LENTAMENTE...

Yo no sé más que una
vaguísima oración,
una oración... De pena
está y de encanto llena,
y tiene llanto y risa,
y la calma sumisa
de la Renunciación...
Se dice lentamente,
con palabras vulgares,
repetidas,
muy oídas...
Brota en el corazón...
Ella es dulce a los labios.
No la saben los sabios,
y es su son
—como, en las soledades del campo, el de la fuente—
monótono. Se dice lentamente
la oración.

LA VOZ QUE DICE...

Ven, pobre peregrino, que caminas en vano
de una duda implacable el incierto camino.
Amante sin amores, vivir no es tu destino.
Yo sé el solo rincón de paz... Dame la mano.

Vendrás conmigo al templo de la triste alegría.
Conocerás tu sombra... En el jardín, las gracias
de la paz hallarás, y descanso..., y acacias...
Irás la senda blanca de la melancolía.

Yo calmaré ese ansia de vida de que mueres.
Y a la divina hora de la tarde violada
te diré lentamente cómo todo se olvida...

Te infundiré el beato miedo de los placeres...
Yo te daré el gran libro que no trata de nada,
y aprenderás a estar solo toda la vida.

KYRIE ELEYSON

La Caridad, la Caridad, la Caridad...
Tus llagas otra vez, Señor, al mundo muestra,
y tu corona de espinas, y tu diestra
horadada por el clavo de la impiedad.

Dinos de nuevo aquella palabra que nos hace
llorar... y nos derrite la maldad en el pecho,
y nos da paz, amor y olvido. Y satisface
como el correr seguro del río por su lecho.

Y que un paisaje matinal y que una buena
esperanza nos den la alegría piadosa,
y que sea el amor de Dios nuestra verdad.

Que seamos buenos para librarnos de la pena.
Y que nunca olvidemos esta única cosa:
¡La Caridad, la Caridad, la Caridad!...

SÉ BUENA

I

Sé buena. Es el secreto. Llora o ríe de veras.
Que se asome a tus ojos y a tus labios de grana
la ternura de tu corazón, sin las hueras
flores de trapo de la retórica vana.

Oh la sabiduría en amor! ¡Si tú vieras!...
Es tan corta que linda con la tortura insana
de una pasión conceptuosa y sus maneras...
Sé buena. Es el secreto. Sé mi amante y mi hermana.

Con tus ojos azules y tu pelo de oro
sé consecuente. El *Ars Amandi* da al olvido.
Quema tu alma en el ara del amor soberano.

No pretendas vencer. Ríndete. Y que el tesoro
de tu hermosura sea dulcemente ofrecido,
como al sediento un sorbo de agua pura en la mano.

II

Y, en una dulce convalecencia, una mañana
limpia y azul —como tus ojos—, una
de esas mañanas de cristal y grana
que aun dejan ver el pálido semblante de la luna...

pasearemos la gloria —dulce paz sin victoria—
de nuestro amor tranquilo, bajo del claro cielo...
Y dirá el agua pura nuestra sencilla historia.
Y nuestras sombras débiles juntas llevará el suelo.

El campo verde joven, fremente so la brisa,
movido como por una alocada risa
feliz, recorreremos. Y tú conmigo, sola,

en el paisaje inmenso, en el aire fragante,
divinamente mudo, me tenderás, amante,
tus rojos labios como una roja amapola.

RETRATO

Esta es mi cara y esta es mi alma. Leed:
Unos ojos de hastío y una boca de sed...
Lo demás... Nada... Vida... Cosas... Lo que se sabe...
Calaveradas, amoríos... Nada grave.
Un poco de locura, un algo de poesía,
una gota del vino de la melancolía...
¿Vicios? Todos. Ninguno... Jugador, no lo he sido:
no gozo lo ganado ni siento lo perdido.
Bebo, por no negar mi tierra de Sevilla,
media docena de cañas de manzanilla.
Las mujeres... —sin ser un Tenorio, ¡eso, no!—,
tengo una que me quiere, y otra a quien quiero yo.

Me acuso de no amar sino muy vagamente
una porción de cosas que encantan a la gente...
La agilidad, el tino, la gracia, la destreza,
más que la voluntad, la fuerza y la grandeza...
Mi elegancia es buscada, rebuscada. Prefiero
a lo helénico y puro lo chic y lo torero.

Un destello de sol y una risa oportuna
amo más que las languideces de la luna.
Medio gitano y medio parisién —dice el vulgo—,
con Montmartre y con la Macarena comulgo...
Y, antes que un tal poeta, mi deseo primero
hubiera sido ser un buen banderillero.

Es tarde... Voy deprisa por la vida. Y mi risa
es alegre, aunque no niego que llevo prisa.

PRÓLOGO-EPÍLOGO

El médico me manda no escribir más. Renuncio,
pues, a ser un Verlaine, un Musset, un D'Annunzio
—¡no que no!—, por la paz de un reposo perfecto,
contento de haber sido el vate predilecto
de algunas damas y de no pocos galanes,
que hallaron en mis versos —Ineses y Donjuanes—
la novedad de ciertas amables languideces
y la ágil propulsión de la vida, otras veces,
hacia el amor de la Belleza, sobre todo,
alegre, y ni moral ni inmoral, a mi modo.
Tal me dicen que fui para ellos. Y tal
debí de ser. Nosotros nos conocemos mal
los artistas... Sabemos tan poco de nosotros,
que lo mejor tal vez nos lo dicen los otros...

Ello es que se acabó... ¿Por siempre?... ¿Por ahora?...
En nuestra buena tierra la pobre Musa llora
por los rincones como una antigua querida
abandonada, y ojerosa y mal ceñida,
rodeada de cosas feas y de tristeza

que hacen huir la rima y el ritmo y la belleza.
En un pobre país viejo y semisalvaje,
mal de alma y de cuerpo y de facha y de traje,
lleno de un egoísmo antiartístico y pobre
—los más ricos apilan Himalayas de cobre,
y entre tanto cacique tremendo, ¡qué demonio!,
no se ha visto un Mecenas, un Lúculo, un Petronio—,
no vive el Arte... O, mejor dicho, el Arte,
mendigo, emigra con la música a otra parte.

Luego, la juventud que se va, que se ha ido,
harta de ver venir lo que al fin no ha venido.
La gloria, que, tocada, es nada, disipada...
Y el Amor, que después de serlo todo, es nada.
¡Oh la célebre lucha con la dulce enemiga!
La mujer —ideal y animal—, la que obliga
—gata y ángel— a ser feroz y tierno, a ser
eso tremendo y frívolo que quiere la mujer...
Pecadora, traidora y santa y heroína,
que ama las nubes, y el dolor y la cocina.
Buena, peor, sencilla y loca e inquietante,
tan significativa, tan insignificante...
En mí, hasta no adorarla la indignación no llega,
y, al hablar del juguete que con nosotros juega,
lo hago sin gran rencor, que, al cabo, es la mujer
el único enemigo que no quiere vencer.

A mí no me fue mal. Amé y me amaron. Digo...
Ellas fueron piadosas y espléndidas conmigo,
que les pedí hermosura, nada más, y ternura,

y en sus senos divinos me embriagué de hermosura...
Sabiendo, por los Padres del Concilio de Trento,
lo que hay en ellas de alma, me he dado por contento.
La mecha de mi frente va siendo gris. Y, aunque esto
me da cierta elegancia suave, por supuesto,
no soy, como fui antes, caballero esforzado
y en el campo de plumas de Amor el gran soldado.
Resumen: que razono mi *adiós*, se me figura,
por quitarle a la sola palabra su amargura,
porque España no puede mantener sus artistas,
porque ya no soy joven, aunque aún paso revistas,
y porque —ya lo dice el doctor—, porque, en suma,
es mi sangre la que destila por mi pluma.

YO, POETA DECADENTE...

Yo, poeta decadente,
español del siglo veinte,
que los toros he elogiado,
y cantado
las golfas y el aguardiente...
y la noche de Madrid,
y los rincones impuros,
y los vicios más oscuros
de estos biznietos del Cid...,
de tanta canallería
harto estar un poco debo,
ya estoy malo, y ya no bebo
lo que han dicho que bebía.

Porque ya
una cosa es la Poesía
y otra cosa lo que está
grabado en el alma mía...

Grabado, lugar común.
Alma, palabra gastada.
Mía... No sabemos nada.
Todo es conforme y según.

MI PHRINÉ

No es cinismo. Es la verdad:
Yo quiero a una mujer mala
fuera de la sociedad.
Una *déclassée*, lo sé,
pero... ¿la conoce uste?
¡No! Pues, bueno;
sea usted bueno y cállese,
que es el saber más profundo,
y nadie diga en el mundo
de esta agua no beberé.

Es hermosa.
Sabe ser
a ratos voluptuosa
y querer,
o no querer.

De la prosa, sabe hacer
otra cosa.
Y es mujer
muy hermosa,
muy hermosa y muy mujer.

Lo tiene todo bonito
mi Phriné...
Desde el cabello hasta el pie
chiquito.

Ahí tiene usté
disculpado mi delito.

—No es delito.
—Ya lo sé.

LA CANCIÓN DEL PRESENTE

No sé odiar, ni amar tampoco.
Y en mi vida inconsecuente,
amo, a veces, como un loco
u odio de un modo insolente.
Pero siempre dura poco
lo que quiero y lo que no...
¡Qué sé yo!
Ni me importa...
Alegre es la vida y corta,
pasajera.
Y es absurdo,
y es antipático y zurdo
complicarla
con un ansia de verdad
duradera
y expectante.
¿Luego?... ¡Ya!
La verdad será cualquiera.
Lo precioso es el instante
que se va.

A MI SOMBRA

Sombra, triste compañera
inútil, dócil y muda,
que me sigues dondequiera
pertinaz como la duda.

Amiga que no se advierte,
compañera que se olvida,
afirmación de la vida
que hace pensar en la muerte.

Retrato, caricatura...
Algo que soy yo y no es nada.
Cosa singular y pura,
al par que broma pesada.

Obsesión y diversión
del poeta solitario.
Insignificante y vario
tema de meditación.

Primera copia grosera
del cuerpo, y quizá del alma...
¿Por qué esa terrible calma
muda que me desespera?

Querría a veces borrarte,
pintura de brocha gorda.
... Mas yo he oído tu voz sorda
y opaca en alguna parte.

Y conozco tu bondad
socarrona y oportuna.
Y tus bromas a la luna,
y tu gran fidelidad.

Dime, pues, en la postrera
hora, en el último trance,
cuando la luz no me alcance,
¿tú dónde irás, compañera?

Compañera que se olvida,
amiga que no se advierte...
afirmación de la vida
que hace pensar en la muerte.

PAZ

¡Qué harto estoy de luchar!... Tirar a un lado
el puñal y el revólver y la espada,
y el mentir y las uñas aceradas,
y la sonrisa falsa y el veneno...
¡Y ser un día bueno, bueno, bueno!

Y reír de alegría, y llorar de dolor,
¡y amar el agua clara sin sabor ni color!
¡Y la sencilla paz de los días iguales!
Y las amables sutilezas de
una creencia antigua en cosas inmortales,
que nos permita un inocente «yo sé».

ÚLTIMA

Ya me ha dado la experiencia
esa clásica ignorancia
que no tiene la fragancia
del primero no saber.
¡Oh la ciencia de inocencia!
¡Oh la vida empedernida!
Desde que empezó mi vida
no he hecho yo más que perder.

Ya mis ojos se han manchado
con la vista de lo feo.
No creía... Y ahora creo
en todo y en algo más.
He querido serlo todo
y ya ni sé si soy algo...
De lo que dicen que valgo
no me he creído jamás.

Escritor iremediable
tengo la obsesión maldita

de la vil palabra escrita
en el odioso papel.
Y mi ingenio —¡el admirable!—
en mi martirio se ingenia...
Con él y mi neurastenia
llevo el alma a flor de piel.

Apenado, sin dolores.
Amoroso, sin mujeres.
Libertino, sin placeres,
y rendido, sin reñir.
Ando, amante sin amores,
con mi juventud podrida,
por la feria de la vida,
sin llorar y sin reír.

La gloria... ¡para mañana!
¿El dinero? Yo no quiero
placeres por mi dinero...
La voluntad... ¡Es verdad!
Con ella todo se gana;
borra montes, seca pontos...
Yo no he visto más que tontos
que tuvieran voluntad.

Y ahora, en mitad del camino,
también me cansa el acaso.
... Perdí el ritmo de mi paso
y me harté de caminar.
La voluntad y el destino
diera por una bicoca...

—Y yo...
    —Tu calla. ¡Tu boca
es solo para besar!

NOCTURNO MADRILEÑO

De un cantar canalla
tengo el alma llena,
de un cantar con notas monótonas, tristes,
de horror y vergüenza.

De un cantar que habla
de vicio y de anemia,
de sangre y de engaño, de miedo y de infamia,
¡y siempre de penas!

De un cantar que dice
mentiras perversas...
De pálidas caras, de labios pintados
y enormes ojeras.

De un cantar gitano,
que dice las rejas
de los calabozos y las puñaladas,
y los ayes lúgubres de las malagueñas.

De un cantar veneno,
como flor de adelfa.
De un cantar de crimen,
de vino y miseria,

oscuro y malsano...,
cuyo son recuerda
esa horrible cosa que cruza de noche
las calles desiertas.

PROSA

EXISTE una poesía
sin ritmo ni armonía,
monótona, cansada,
como una letanía...,
de que está desterrada
la pena y la alegría.

Silvestre flor de cardo,
poema gris o pardo
de lo pobre y lo feo,
sin nada de gallardo,
sin gracia y sin deseo,
agonioso y tardo.

De las enfermedades
y de las ansiedades
prosaicas y penosas...;
de negras soledades,
de hazañas lastimosas
y estúpidas verdades.

¡Oh, pasa y no lo veas,
sus páginas no leas!...
Poema de los cobres,
cantar, ¡maldito seas!,
el de los hombres pobres
y las mujeres feas.

¡Oh pena desoída,
miseria escarnecida!...
Poema, sin embargo,
de rima consabida;
poema largo, largo,
¡como una mala vida!...

MUTIS

No triste, alegre,
con ruido y risa
la vida cruzo;
mas llevo prisa.

Cortos placeres,
penas efímeras,
ideas vagas...
ternuras tibias.

No sé, no quiero...
Dejad que siga
corriendo loco
sin senda fija.

Dejad que cante,
dejad que ría,
dejad que llore,
dejad que viva,

de tenuidades,
de lejanías...,
como humareda
que se disipa.

Yo os dejo pronto
con vuestra vida,
para vosotros
todos los días.

Con vuestra historia,
con vuestra crítica
de hechos profundos,
fechas y citas.

Sed muy felices
con vuestra vida,
y un tomo grande
para escribirla...

No triste, alegre,
con ruido y risa
la senda cruzo
mas llevo prisa.

LA CANCIÓN DEL ALBA

El alba son las manos sucias
y los ojos ribeteados.
Y el acabarse las argucias
para continuar encantados.

Livideces y palideces,
y monstruos de realidad.
Y la terrible verdad
mucho más clara que otras veces.

Y el terminarse las peleas
con transacciones lamentables.
Y el hallar las mujeres feas
y los amigos detestables.

Y el odiar a la aurora violada,
bobalicona y sonriente,
con su cara de embarazada,
color de agua y aguardiente.

Y el empezar a ver cuando
los ojos se quieren cerrar.
Y el acabar de estar soñando
cuando nos vamos a acostar.

LA CANCIÓN DEL PRESENTE

QUERER es triste. ¡Y no poder!...
Lo que es, tenía que pasar.
¿Para qué el plebeyo querer
y lo innoble del procurar?...

¿A qué arreglar el porvenir
y hacer del presente dolor?
¿Qué tiempo hemos de vivir?
¿Y, acaso, morir no es mejor?

Y, en este necesario albur,
¿qué nos queda, como saber,
sino dar el alma al azur
y todo lo demás al placer?...

LAS CONCEPCIONES DE MURILLO

DE las dos Concepciones, la morena...,
la de gracia celeste y sevillana,
la más divina cuanto más humana,
la que habla del querer y de la pena.

La pintada a caricias ideales...,
la toda bendición, toda consuelo;
la que mira a la tierra, desde el cielo,
con los divinos ojos maternales.

La que sabe de gentes que en la vida
van sin fe, sin amor y sin fortuna,
y en vez del agua beben el veneno.

La que perdona y ve... La que convida
a la dicha posible y oportuna,
al encanto de amar y de ser bueno.

VAN LAETHEM

DOÑA JUANA LA LOCA

Hierática visión de pesadilla,
en medio del paisaje está plantada
—alto el brial y la color quebrada—
la reina doña Juana de Castilla.

Liso el pelo a ambos lados de la frente,
bajo el velludo de la doble toca...
Ausente la palabra de la boca
y de los ojos el mirar ausente.

Abierto el regio y blasonado manto,
como una flor enferma, el débil talle
deja ver, encerrado en el corpiño.

Y en una lejanía —mas no tanto
que se pierda el más mínimo detalle—
hay el paisaje que soñara un niño.

SANDRO BOTTICELLI

LA PRIMAVERA

¡Oh el *sotto voce* balbuciente, oscuro,
de la primer lujuria!... ¡Oh la delicia
del beso adolescente, casi puro!...
¡Oh el no saber de la primer caricia!...

¡Despertares de amor entre cantares
y humedad de jardín, llanto sin pena,
divina enfermedad que el alma llena,
primera mancha de los azahares!...

Ángel, niño, mujer... Los sensuales
ojos adormilados y anegados
en inauditas savias incipientes...

¡Y los rostros de almendra, virginales,
como flores al sol, aurirrosados,
en los campos de mayo sonrientes!

LEONARDO DE VINCI

LA GIOCONDA

Florencia —flor de música y aroma—,
patria del gran Leonardo inenarrable,
madre de lo sutil y lo inefable...
Florencia del león y la paloma.

Mona Lisa sonríe, Madona Elisa
mira pasar los siglos sonriente.
... Y nosotros también, eternamente,
llevamos en el alma su sonrisa.

Sonríe la Gioconda... ¿Qué armonía,
qué paisaje de ensueño la extasía?
¿Por dónde vaga su mirar velado?...

¿Qué palabra fatal suena en su oído?
¿Qué amores desentierra del olvido?...
¿Qué secreto magnífico ha escuchado?...

TIZIANO

CARLOS V

El que en Milán nieló de plata y oro
la soberbia armadura; el que ha forjado
en Toledo este arnés; quien ha domado
el negro potro del desierto moro...

El que tiñó de púrpura esta pluma
—que al aire en Mulberg prepotente flota—,
esta tierra que pisa y la remota
playa de oro y de sol de Moctezuma...

Todo es de este hombre gris, barba de acero,
carnoso labio socarrón y duros
ojos de lobo audaz, que, lanza en mano,

recorre su dominio, el orbe entero,
con resonantes pasos, y seguros.
En este punto lo pintó el Tiziano.

DESNUDOS DE MUJER

¡Oh la dorada carne triunfadora
de esta gentil madona veneciana,
que ha sido Venus, Dánae, Diana,
Eva, Polymnia, Cipris y Pandora!...

¡Oh gloria de los ojos, golosina
eterna del mirar, dulce y fecunda
carne de la mujer, suave y jocunda,
madre del Arte y del vivir divina!

Húmedos labios a besar mil veces...
Líneas de lujuriantes morbideces
que el veneciano sol dora y estuca...

¡Oh el delicioso seno torneado!
¡Oh el cabello de oro ensortijado
en el divino arranque de la nuca!

VERONÉS

ASUNTOS BÍBLICOS

Fue en la mañana de la vida... Altares
en la campiña que el sol riega. Coro
al sublime *Cantar de los Cantares*.
Regias suntuosidades. Cedro y oro.

Una figura de mujer fulgura,
corazón del paisaje, sonriente...
Sulamita, de noche, en la espesura...
Rebeca, bajo el sol, junto a la fuente...

El viento desmelena la frondosa
floresta y arrebata en desaliño
el humo de la mirra silenciosa...

Sobre la piedra, blanca como armiño,
grata a Jehová la joven sangre rosa...
Entonces Dios era feroz y niño.

GRECO

EL CABALLERO
DE LA MANO AL PECHO

Este desconocido es un cristiano
de serio porte y negra vestidura,
donde brilla no más la empuñadura
de su admirable estoque toledano.

Severa faz de palidez de lirio
surge de la golilla escarolada,
por la luz interior iluminada
de un macilento y religioso cirio.

Aunque solo de Dios temores sabe,
porque el vitando hervor no le apasione,
del mundano placer perecedero,

en un gesto piadoso y noble y grave,
la mano abierta sobre el pecho pone,
como una disciplina, el caballero.

VELÁZQUEZ

LA INFANTA MARGARITA

Como una flor clorótica el semblante,
que hábil pincel tiñó de leche y fresa,
emerge del pomposo guardainfante,
entre sus galas cortesanas presa.

La mano —ámbar de ensueño—, entre los tules
de la falda desmáyase y sostiene
el pañuelo riquísimo, que viene
de los ojos atónitos y azules.

Italia, Flandes, Portugal... Poniente
sol de la gloria el último destello
en sus mejillas infantiles posa...

Y corona no más su augusta frente
la dorada ceniza del cabello,
que apenas prende el leve lazo rosa.

VAN DYC

UN PRÍNCIPE DE LA CASA
DE ORANGE

A este joven señor, tan bellamente
vestido, blanco el traje y la gorguera,
blanca la tez, envuelve en luz poniente
el oro viejo de su cabellera.

De su apostura la elegante gracia
tiene una laxitud de laxitudes,
y en el pecho, podridas, las virtudes
de su clara y fatal aristocracia.

Tedio y desdén en la orgullosa frente,
vago pesar en la mirada infausta...,
lujosísima espada en joyas rica.

Cruza una banda el busto indiferente.
Blanca mano espectral, de sangre exhausta,
y en la mano un limón, que significa...

PIERROT

Pierrot el blanco personaje, es este
que todos conocéis. De blanco viste,
como la luna. Y, cual la luna, es triste,
blanco, más blanco que su blanca veste.

La pálida señora de los crímenes
y los besos lo ha visto cara a cara
rimar esa canción en que declara
la guerra a los tesoros y a los hímenes.

Como un niño con una golosina,
juega a juegos de amor con Colombina,
que es —ya no cabe duda— una traidora...

Porque, cuando Watteau lo ha retratado,
en medio del paisaje recortado,
el personaje blanco llora y ora.

LOS FUSILAMIENTOS
DE LA MONCLOA

Él lo vio... Noche negra, luz de infierno...
Hedor de sangre y pólvora, gemidos...
Unos brazos abiertos, extendidos
en ese gesto del dolor eterno.

Una farola en tierra, casi alumbra,
con un halo amarillo que horripila,
de los fusiles la uniforme fila
monótona y brutal en la penumbra.

Maldiciones, quejidos... Un instante
primero que la voz de mando suene;
un fraile muestra el implacable cielo.

Y en convulso montón agonizante,
a medio rematar, por tandas viene
la eterna carne de cañón al suelo.

MANET

EL BALCÓN ABIERTO

CALLA un misterio familiar y vivo
el abierto balcón iluminado...,
como el hombre, en sus hierros apoyado,
guarda un silencio grave y pensativo.

Es el cárdeno albor de la vigilia...
Hoy, como ayer, ¡quién sabe si mañana!,
en torno de la mesa cotidiana,
amorosa se agrupa la familia.

Y él mira, sin mirar, la gente fuera
hormiguear, pensando en las dulzuras
de la velada entre los suyos grata...

Mientras, bajo la lámpara casera,
junta un curioso libro de aventuras
las cabezas de oro y las de plata.

ELOGIO DE LA SOLEAR

Canto de soleares,
hondo cantar del corazón,
hondo cantar.
Reina de los cantares.
Madre del canto popular.
Llora tu son,
copla sin par.
Y en mi vacío corazón
se oye sonar
el *De profundis* del bordón...
Llora, cantar.

CANTAORA

«La Lola,
la Lola se va a los Puertos.
La Isla se queda sola.»
Y esta Lola, ¿quién será,
que así se ausenta, dejando
la Isla de San Fernando
tan sola cuando se va?

Sevillanas,
chuflas, tientos, marianas,
tarantas, «tonás», livianas...
Peteneras,
«soleares», «soleariyas»,
polos, cañas, «seguiriyas»,
martinetes, carceleras...
Serranas, cartageneras.
Malagueñas, granadinas.
Todo el cante de Levante,
todo el cante de las minas,
todo el cante...

que cantó tía Salvaora,
la Trini, la Coquinera,
la Pastora...
y el Fillo, y el Lebrijano,
y Curro Pabla, su hermano,
Proita, Moya, Ramoncillo,
Tobalo —inventor del polo—,
Silverio, Chacón, Manolo
Torres, Juanelo, Maoliyo...

Ni una ni uno
—cantaora o cantaor—,
llenando toda la lista,
desde Diego el Picaor
a Tomás el Papelista,
ni los vivos ni los muertos,
cantó una copla mejor
que la Lola...
Esa que se va a los Puertos
y la Isla se queda sola.

CUALQUIERA CANTA UN CANTAR...

Hasta que el pueblo las canta,
las coplas coplas no son,
y cuando las canta el pueblo,
ya nadie sabe el autor.

Tal es la gloria, Guillén,
de los que escriben cantares:
oír decir a la gente
que no los ha escrito nadie.

Procura tú que tus coplas
vayan al pueblo a parar,
aunque dejen de ser tuyas
para ser de los demás.

Que, al fundir el corazón
en el alma popular,
lo que se pierde de nombre
se gana de eternidad.

DEL QUERER

Morucha de mis carnes,
morena de mi alma,
reina,
¿por qué se han puesto mustias
las rosas de tu cara?...

¿Qué quieres que te diga,
qué quieres que te haga,
negra?...
Porque tú no estés triste
daría yo mi alma.

Dejaré a los amigos,
no beberé una caña,
sangre...
Me casaré contigo
cuando te dé la gana.

Pero que yo no vea
las rosas de tu cara,
madre,
ponerse triste nunca,
que se me nubla el alma.

ANTE LA JOVEN MUERTA

I

CIERTO, dicen, que un mundo hay después de este...,
donde ella será, acaso,
una gentil pastora
de estelares rebaños...

Verdad, tal vez, que en ese mundo ignoto
un día nos hallamos,
—¿un día?— y que tenemos,
como aquí, sueños vagos
de algo que no está allá...

                              Mientras, la Tierra
voltea oscura y triste en el espacio.

Y ¡aquello! ¿Son estrellas
o sus ojos rasgados?

Pero este cuerpo rígido...
Pero estos labios blancos...
Pero estos ojos turbios...
Pero este pelo laso...

II

Su alma —como las almas— voló al cielo,
su cuerpo se hizo tierra...
Cuando nosotros traspongamos, nada
recordará su gracia y su belleza.

¿Son acaso estas cosas
las que dicen los vientos a la selva?
¿Son acaso estos nombres
los que el agua murmura so la adelfa?
¿Estos grandes olvidos
son, estas grandes penas,
las que suspira el mar las tardes de oro?
¿Esto es lo que se sueña
cuando miramos lejos, sin ver nada,
cuando el alma se ausenta?
¿Se piensa en esto acaso
cuando en nada se piensa?

DOLIENTES MADRIGALES

I

POR una de esas raras reflexiones
de la luz, que los físicos
explicarán llenando
de fórmulas un libro...
Mirándome las manos
—como hacen los enfermos de continuo—
veo en la faceta de un diamante, en una
faceta del diamante de mi anillo
reflejarse tu cara, mientras piensas
que divago o medito
o sueño... He descubierto
por azar este medio tan sencillo
de verte y ver tu corazón, que es otro
diamante puro y limpio.
Cuando me muera, déjame
en el dedo este anillo.

II

Estoy muy mal... Sonrío
porque el desprecio del dolor me asiste,
porque aún miro lo bello en torno mío
y... por lo triste que es el estar triste.

Pero ya la fontana
del sentimiento mana
tan lenta y silenciosa, que su canto,
sonoro otrora como risa, es llanto.

III

Guardo entre mis tesoros de cordura
la nostalgia febril de la locura,
como gaje de ayer..., para un mañana
que no ha de venir ya.

Mustia flor, que recuerda la lozana
primavera y la risa entre la grana
de los labios... Fontana de ternura
que se ha secado ya.

Y, así, no es en mí el canto, sino el cuento
—que «ayer» nos da tan solo el argumento—,
y la canción es cosa para el día
que ha declinado ya.

Ha llenado la noche el alma mía,
y la sombra ha ahuyentado a la Poesía...
Porque ya el día suspirado siento
que no amanecerá.

MORIR, DORMIR...

—Hijo, para descansar
es necesario dormir,
no pensar,
no sentir,
no soñar...
—Madre, para descansar,
morir.

«MUSICA DI CAMERA»

I

YA galantes no más y delicados
madrigales haré —para las flores
y las mujeres— sobrios de colores
y vagamente estilizados.

Pintaré la preciosa
gota de sangre, roja como guinda,
en el pétalo rosa del dedo de Luscinda,
al coger una rosa...

O diré los *allegros*
(silenciosos y ardientes)
de las niñas de los ojos,
de las niñas de los ojos negros...
Y charlaré como las fuentes...

II

Consuelo,
tu nombre me sabía
igual que un caramelo.

Qué pobre
soy desde que me falta
el oro de tu pelo...

Tus ojos
azules no me miran,
y para mí no hay cielo

¡Consuelo!...

III

Como un aroma a ti, como lejana
melodía hechicera
de inefable embeleso...

Seré en tus sienes aire de mañana,
flor en tu cabellera...
Te diré... lo que un beso.

ROSAS DE OTOÑO

I

MÁNDAME tu retrato... Aquellos ojos
en éxtasis, que guardan, como lagos,
de los ocasos los vislumbres rojos
y de las noches los lugares magos.

Mándame tu retrato... La caricia
de tu cara de almendra, tu cabello,
de puro negro azul, y el dulce cuello,
que inicia de inclinarse la delicia.

Mándame aquel retrato que en el fondo
tiene un jardín... Tiene el jardín soñado
para poner mi mano en tu cintura,

y perdernos a lo lejos, en lo hondo
de un beso —como nunca se ha besado—,
por la senda sin fin de la ternura.

II

Por ti, Georgina, que vivir es pena,
publicar he, si de tus ojos tanto
el éxtasis perdura y brota el llanto
como se filtra el agua entre la arena.

Pienso que piensa tu melancolía
que es tarde ya esta tarde a las pasiones...
y que ante nuestros yertos corazones
la aljaba del Amor está vacía.

¡Pues miente del crepúsculo la estrella
si la noche te anuncia!... La mañana
es, la mañana despeinada y bella,

la que ahora surge y se desborda y mana
nueva, riente... y el Amor con ella,
del arco tenso y de la venda grana.

OCASO

Era un suspiro lánguido y sonoro
la voz del mar aquella tarde... El día,
no queriendo morir, con garras de oro
de los acantilados se prendía.

Pero su seno el mar alzó potente,
y el sol, al fin, como en soberbio lecho,
hundió en las olas la dorada frente,
en una brasa cárdena deshecho.

Para mi pobre cuerpo dolorido,
para mi triste alma lacerada,
para mi yerto corazón herido,

para mi amarga vida fatigada...
¡el mar amado, el mar apetecido,
el mar, el mar, y no pensar en nada!...

A ZOFIA LUTOSLAWSKA

(SOFÍA CASANOVA)

Oro sonoro y fúlgido burila
para ofrendar a vuestra Musa augusta
mi afán, y al borde de la copa incrusta
de glauca gema la febril pupila.

Ópalo y oro... en el metal explota
la heroica luz de vuestro sol de España,
y hay en la piedra lívida y extraña
de lueñes tierras la inquietud remota.

De toda admiración trasunto y símil
viviente, joya es esta ofrenda mía
que lleva el corazón de vuestro orfebre...

Y, en vuestra excelsa mano inverosímil,
veréis llorar los ópalos, Sofía,
y contagiarse el oro de la fiebre.

GRANADA, POR RUSIÑOL

GRANADA, lucejones... Las bermejas
torres de Alhambra. Y, en el cielo, duras
nubes de ágata cárdena. (Figuras
de leones, serpientes y cornejas.)

Y el agua sola, palpitante, el agua
corazón, rompe la silente angustia
con su romance. En un calor de fragua
el crepúsculo trágico se mustia.

Melancolía... ¡No! Desesperanza,
reproche de lujuria indefinible...
Y, a pesar de canciones, en tu espejo

está, Maestro, toda la añoranza
granadí, toda la verdad terrible,
¡todo el dolor de aquel resol bermejo!

A UN POETA EMIGRANTE

En tu espíritu noble, dulce, amable, discreto
—hostil a lo que brilla— está lo que alborea,
lo que sugiere vago, lo que tienta secreto,
flor sin nombre que un aire de suspiros orea.

Añoranzas, matices, sutiles arreboles,
sospechas y un recuerdo del porvenir que alumbra
el latente mañana en los pasados soles...
Tu verdad —¡la Verdad!— es solo la penumbra.

No luches, que eso es pobre; ni procures, que es necio;
ten siempre a flor de labio la piedad y el desprecio.
Enarbola en tus armas una leyenda vaga.

Elige un fuerte escudo y envenena tu daga.
Y si la fealdad sale a detenerte, acaso,
mata; la mala hierba debe cortarse al paso.

A ALEJANDRO SAWA

(EPITAFIO)

JAMÁS hombre más nacido
para el placer, fue al dolor
más derecho.
Jamás ninguno ha caído
con facha de vencedor
tan deshecho.
Y es que él se daba a perder
como muchos a ganar.
Y su vida,
por la falta de querer
y sobra de regalar,
fue perdida.

Es el morir y olvidar
mejor que amar y vivir.
Y más mérito el dejar
que el conseguir?...

A JOSÉ NOGALES, MUERTO

Silba en el aire ya la bala
que nos ha de matar, y en tanto
ciega nuestros ojos un llanto
de despedida. En la hora mala
de tu partida, compañero,
nos preguntamos unos a otros
cuándo nos tocará a nosotros...
Psicología de torero.
Es bien cruel, bien española,
pero divierte a la canalla
y hay que seguir en la batalla,
mientras tu huesa queda sola.

¡Valiente soldado del Arte,
adiós, que luego nos veremos!...
También nosotros pronto iremos
con nuestra música a otra parte.

EN LA MUERTE DE JULIO RUELAS

Ahora empezó, Ruelas, tu vida... (Fue su vida
un morir de deseos atropellados, y un
matarse de embriagueces de mil suertes, según
era su sed... Corrió tras la escondida
agua nunca probada y siempre oída.)
Mientras tú duermes, vela la humanidad tu sueño
(diría Rueda, un vate campesino, risueño
y panteísta...) Yo, religioso, confío
en otro reino fuera de este Mundo. Es el mío
también, es el de todos los que adoran el Arte,
cuyo palacio tiene que estar en otra parte...
Hasta luego, Ruelas. A pesar de lo feo,
del mal y de la muerte, quiero creer, y creo.

A RUBÉN DARÍO

Como cuando viajabas, Maestro, estás ausente,
y llena está de ti la soledad, que espera
tu retorno. ¿Vendrás? En tanto, Primavera
va a revestir los prados, a desatar la fuente.

En el día, en la noche; hoy, ayer... En la vaga
tarde, en la aurora perla, resuenan tus canciones.
Y eres en nuestras mentes y en nuestros corazones
rumor que no se extingue, lumbre que no se apaga.

Y en Madrid, en París, en Roma, en la Argentina
te aguardan. Dondequiera tu cítara divina
vibró, su son pervive sereno, dulce, fuerte.

Solamente en Managua hay un rincón sombrío
donde escribió la mano que ha matado a la Muerte:
«Pasa, viajero; aquí no está Rubén Darío».

MIGUEL SAWA

(EPITAFIO)

Un ademán caballeresco,
un corazón bueno y valiente,
con un talante quijotesco
y una gran fantasía ardiente.

Vivió para la democracia...;
pero nunca pudo vencer
de su fatal aristocracia
el exquisito parecer.

Y aunque estrechó las rudas manos,
amó y alternó con los pobres,
y alzó la copa popular...

Nunca tuvo gestos villanos,
ni se manchó con los cobres,
ni fue a pedir, ni fue a votar.

NUEVO AUTO-RETRATO

Un niño es una fiera... Y yo era niño el día
en que me hicieron la primer fotografía.
Mi padre, que era un clásico, sabía, por Orfeo,
cómo amansa a las fieras la música... Yo creo
que —instrumento inconsciente del destino— entre
[todos
hallaron, de aquietarme procurando los modos,
el libro-caja de música en que apoyada
mi sien se ve. La música me sirve de almohada.
Rubio y tierno, de dulces ojos, cara redonda,
el alma toda albor y la guedeja blonda,
aparezco en aquel retrato, calladete,
escuchando encantado el dulce soniquete.
Hoy, ni rubio ni dulce, más bien moreno y duro,
voluntarioso el maxilar, el pelo oscuro,
los ojos fatigados... al mirarme no acierto
si soy yo mismo o si aquel niño habrá muerto...
....
Así dejé, hace quince años, este poema
por otro más completo auto-retrato. El tema

—Manuel Machado, en fin, pinta a Manuel Machado
definitivamente— me pareció agotado.
Hoy, al hallar de nuevo la vieja cartulina
en que se desvanece mi efigie chiquitina.
—a través de la bruma de un inquieto destino,
espuma del torrente y polvo del camino—,
reconozco que aquella fierecilla domada
por la música... es toda mi vida retratada.
Y me ofrezco de nuevo como fui, como soy
y seré finalmente, ayer, mañana, hoy.
En medio del amor, de la ambición y el miedo,
la música no más logra tenerme quedo.
De la vida y el libro solo sé la armonía.
Mi propia obra es solo una polifonía
de gritos de mi tiempo, lentos o subitáneos,
que dio a veces el son a mis contemporáneos.
Oí la voz de todo: de la paz, de la guerra,
el silencio del campo, que la cigarra asierra...
Y mientras escuchaba la compleja sonata,
pasó la vida a un lado como una cabalgata.
Tendí la mano a veces y le arranqué una rosa,
y otras la retiré sangrante y temblorosa.
Mas dolor y placer se disipaban luego
y el desfile seguía como cosa de juego.
....
Cuando me dé la mano el Ángel de mi guarda,
para ir a esa región que a todos nos aguarda,
sobre la eterna música me hallará adormecido...
Y yo abriré los ojos a un mundo conocido.

ESTAMPAS

ESTILO

Así quedó, en el alma,
de una lejana tarde
el recuerdo. No tiene
pie la estampa. Es en balde
pedirle nombre, sitio,
fecha, país... No sabe
decir más que: «El recuerdo
de una lejana tarde».
Estilo..., geometría
sutil de lo inefable.

SANTIAGO DE COMPOSTELA

¡OH la pobre alegría
de un sol de lata y una niebla fría,
que el verdinegro robledal esponja!

¡Oh la melancolía
de un corazón de monja
tras el muro de negra sillería!

¡Oh la vaca que pace
y al verde eterno la testuz inclina!...
¡El cohete que en llanto se deshace
en el aire mojado, mientras hace
a la charanga popular sordina
la huata de la tépida neblina!

¡Oh callejas sonoras
por donde el agua eternamente corre!...
¡Y el caer de las horas
de la lenta campana de la torre,
quedándose en el aire, soñadoras,
en estas tardes blancas como auroras!

¡Oh Quintana de Muertos! ¡Oh palacio
de Gelmírez! ¡Oh piedra suntuaria,
lujosa piedra, piedra igual y varia,
matizada del gris hasta el topacio!
¡Oh gárgola mingente en el espacio
con la ruda impudicia milenaria!
¡Oh musgo! ¡Oh jaramago! ¡Oh parietaria
—yedra a la piedra—, bajo el sol reacio!
¡Oh Pórtico divino de la Gloria!
¡Oh peregrinaciones! ¡Oh la estela
de lacras y dolores! ¡Oh memoria
del Apóstol Sant' Yago!... ¡Oh centinela
de la fe yerta y la olvidada Historia!
¡Oh saudades! ¡Oh muerte! ¡Oh Compostela!

SOL

CANTO A ANDALUCÍA

CÁDIZ, salada claridad. Granada,
agua oculta que llora.
Romana y mora, Córdoba callada.
Malaga, cantaora.
Almería, dorada.
Plateado, Jaén. Huelva, la orilla
de las tres carabelas.

                Y Sevilla.

OJOS VERDES

Yo he escuchado a las ondinas
las campanas submarinas
y el cantar de las sirenas...
Y, en las aguas ambarinas,
vi cuajar, en las salinas,
la amargura de mil penas.
Son tus ojos... Es el mar.

Yo lo he visto, o lo he soñado,
o en tus ojos lo he besado...
Y yo sé que en todo eso,
tan temido y tan amado,
en el trágico embeleso
de ese canto y ese beso
es preciso naufragar.

PIEDRA PRECIOSA

Acabe —como mustias las flores, como exhausto
el arroyo, en la hora del pleno sol de estío—
la canción empezada al alba, con el fausto
primaveral... Y sea este el instante mío.

Instante claro y puro, como fino diamante
deslumbrador, de aristas duras, fascinadores
cambiantes y facetas en donde, rutilante,
brille el paisaje muerto y helados los amores.

Muera la dulce flora que germinó en el fondo
del alma inquieta. Entonces, jardín el alma era,
tendido a las caricias del astro matinal.

Ya es la hora en que cuaja, del ánima en lo hondo
—en la terrible sima de la dura cantera—
con su cruel belleza geométrica, el cristal.

CREPÚSCULO

¿Para qué te he de ver?... Te adoro... Pero...
piensa que es tarde el ánima cobarde,
y que el ambiguo y mágico lucero
es la pálida estrella de la tarde.

Ojos al llanto, labios al suspiro...
(cansados ojos y pintados labios),
solo puedo evocar cuando te miro
el amargor de los placeres sabio.

No nos deslumbran ya los resplandores
de aquel naciente sol que arrebolaba
el encanto auroral de tus pudores...

Tristes de ti y de mí... Nos esperaba
—al caer de las hojas y las flores—
un pobre amor sin venda y sin aljaba.

CANTARES

Cristalito «empañao»,
charquita revuelta...
cuando te miro, te miro a los ojos,
el llanto los ciega.

Enseñanzas del vivir...
Yo ya no sé qué pensar,
ni siquiera qué sentir.

Camino que no es camino,
demás está que se emprenda,
porque más nos descarría
cuanto más lejos nos lleva.

«DE PROFUNDIS»

Ya estás, amigo, más allá. Tú sabes
ya la palabra que jamás se escribe,
y desde lo que es a lo que vive
conoces ya las diferencias graves.

Pasamos como nubes, como naves
o como sombras. Pero aquel pervive
a quien la Fama en su palacio inscribe
por hechos fuertes o por dichos suaves.

Aromas y sonidos y colores,
la senda encantan del vivir, de suerte
que a caminar a nuestro fin convida.

... Y, acabados, sabemos, sus verdores,
que es la vida el camino de la Muerte
y la muerte el camino de la Vida.

AMOR DE DIOS

¿INGENIO para amarlo? ¿Sutileza
para decirle el alma? ¿Ciencia o Arte
para ser todo suyo, para darte
a Él humildemente...? Calla o reza.

Reza no más una oración sencilla,
como el rumor del viento en el ramaje.
O aprende el monorrítmico lenguaje
del agua entre los juncos de la orilla.

O, mejor, calla... Abriéndose, una rosa,
en el suspiro de la tarde, alaba
más al Creador que mil humanos coros.

¡Y aun más la pobre piedra silenciosa,
sobre la cumbre de los montes, brava,
en un sueño preñado de tesoros!

«DOMINE, UT VIDEAM...»

I

«Mi Vida, mi Verdad y mi Camino...»
Yo sé bien que eres Tú. Pero te busco
y ¡en qué mirajes la mirada ofusco,
o en qué negrura el paso desatino...!

Sin duda, es verde aún la pobre rama
que en Tu divino fuego arder quisiera,
y, airado, la separas de la hoguera,
porque indigna la juzgas de tu llama.

No sé, no sé, Señor, adónde llego
corriendo tras Tu sombra... En cualquier parte,
buscándote me angustio y extermino.

¡Dame, Señor, la mano, que soy ciego!
Ponme en la senda donde pueda hallarte;
¡Mi Vida, mi Verdad y mi Camino!

II

Ya me maté a mí mismo, pues no quiero
con hombres nada y en Ti solo fío,
y a tu infinita caridad confío
cuanto solo de Ti, Señor, espero.

Solo contigo familiar sería
si Tú me hablaras... Y ¡qué humildemente,
sin guardar nada, corazón y mente,
si los quisieras Tú, te entregaría!

¡Tómamelos, mi Bien, que esta jornada
correr, de todo peso libre, ansío,
porque en Tu Gracia pronto se concluya...!

Yo sé de sobra que no valen nada.
Mas, pues dejé mi voluntad, ¡Dios mío!,
hazme saber, al fin, cuál es la Tuya.

EL VIEJO JARDINERO

EL jardinero viejo que de rosas
cura no más la sacra puerta tiene
del parque —preferido de Selene—
porque auras no la cierren nemorosas.

Del eterno jardín las deliciosas
emanaciones aspirando viene,
que ya de solo arómatas mantiene
su antigua juventud alas famosas.

Guardia de honor al huerto de Poesía
dando quiere morir, y en los loores
de los nuevos rosales y mejores,

del carmen gloria y luz de nuestro día,
cantar, segura y dulce, todavía
la eternidad liviana de las flores.

MADRIGAL

(A UNA DAMA QUE LLEVABA AL PECHO UN PASADOR DE RUBÍES)

Yo para vos quisiera
un madrigal que fuera
de oro y cristal. Un matinal
y fino madrigal...
Seda de luz cual vuestra cabellera,
gota de sangre, o guinda,
o, cual la herida que lleváis al pecho,
rubí encantado...
                    O la que me habéis hecho
sangre de amor y de dolor, que mana
oculta y trueca en madrigal su grana.

EN UN LIBRO DE PILAR VALDERRAMA

Pilar, con una lágrima un soneto
a abrir tu nuevo libro se adelante,
y a dar, sin más retórica elegante,
a tu Arte, amor; a tu Dolor, respeto.

Respeto de un dolor que es harmonía,
verbo creador y número divino...
Y amor de un arte humano y femenino,
que hace de una amargura una poesía.

Así en el fondo del cristal el oro.
Así la sal en la marina onda...
Así en la cifra mágica el secreto.

Y así de tus poemas al tesoro
—cifra, sal y crisol— eco, responda,
Pilar, con una lágrima, un soneto.

«FATUM»

Y no será una noche
terrible de huracán en que las olas
toquen los cielos. Tu barquilla leve
naufragará de día, un día claro,
en que el mar esté alegre...
Te matarán jugando. Es el destino
terrible de los débiles.
Mientras un sol espléndido
sube al cenit, hermoso, como siempre.

NARCISO

Se ama... Para él las flores de la campiña odoran...
Y al mirarlo en su seno el agua indiferente,
el agua tiembla de placer y se enamoran
las Náyades que son el alma de la fuente.

El césped blando anhela su fugitiva planta...
El aire, que su aliento voluptuoso vicia,
lo besa todo. Y, tibia, la luz que lo acaricia,
en la divina línea de su torso se encanta.

Y él se ama... Y, desdeñoso, de la hermosura dueño
único, pasa y mira, sin amores ni enojos,
regiamente desnudo, por el soto y la vega.

O ya, rendido al vago corretear risueño,
en el campo tendido, con el cielo en los ojos,
en abrazo imposible consigo mismo juega.

LA ORACIÓN DEL HUERTO

Y ya no pueden más... Mudos, rendidos,
al entrar en el Huerto, que destempla
un soplo asolador, Jesús contempla
de pena a sus discípulos dormidos.

Y solo Él, en la terrible hora
—la deleznable carne estremecida
al borde misterioso de la vida—
sobre la humilde tierra llora y ora.

En un sollozo trágico y sublime
—como candente flor que abre su broche—
el Hijo al Padre el corazón entrega.

Mientras el viento en los olivos gime
callada y negra, al fin, llega la noche.
... Y es la noche sola la que llega.

MANUEL MACHADO

[ANOTACIONES PARA UN SONETO]

    Y el sombrío brío
La solidez
  La enorme fuerza
      El brío
de la amargura en piedra hermano mío!
    Patrio dolor
      Valor en piedra
maciza de ternura
de bondad y de ternura
de silencio y de piedra

ojos que miran más allá
                serenos

la piedra de Sepúlveda rosada.

                (Para el soneto
                ¡«Hermano mío»!)